AF257764

LES PRINCIPES DE 1789

OU LES

DROITS DE L'HOMME ET DU CITOYEN

PAR

L. GOUDOUNÈCHE

Paris. — Imp. de Dubuisson et Ce, rue Coq-Héron, 5.

LES
PRINCIPES DE 1789

OU LES

DROITS DE L'HOMME & DU CITOYEN

PAR

L. GOUDOUNÈCHE

PARIS

CHEZ LE CHEVALIER, ÉDITEUR

Rue Richelieu, 61

1870

DROITS DE L'HOMME

DU CITOYEN

Qu'entend-on par droits de l'homme ? Par droits
de l'homme on entend les droits inhérents à la nature humaine, que tout homme porte en venant au
monde, droits tellement sacrés et tellement nécessaires qu'un pouvoir ne peut les violer sans faire
reculer la civilisation, sans violer la liberté.

Mais de tels droits existent-ils ? Oui, évidemment,
pour quiconque croit à la raison et à la liberté. Dès
que la volonté d'un autre s'oppose à la mienne et
entrave le développement légitime de mon être, je
crie qu'une injustice a été commise, que le droit a
été violé en moi. Ce cri ne vient pas du dehors : il
sort des profondeurs de ma conscience. Voilà, en
dehors de toutes les sociétés humaines, le fonde-
ment incontestable de mes droits naturels. C'est la

grande Assemblée de 1789 qui les a proclamés en ces termes, que nous reproduisons textuellement.

« Considérant, dit l'Assemblée constituante, que « l'ignorance, l'oubli ou le mépris des droits de « l'homme et du citoyen sont les seules causes des « malheurs publics et de la corruption des gouver- « nements, il a été résolu d'exposer dans une décla- « ration solennelle les droits naturels, inaliénables « et sacrés de l'homme, afin que cette déclaration, « constamment présente à tous les membres du « corps social, leur rappelle sans cesse leurs droits « et leurs devoirs, afin que les actes du pouvoir lé- « gislatif et ceux du pouvoir exécutif, pouvant être « à chaque instant comparés avec le but de toute « institution politique, en soient plus respectés, afin « que les réclamations des citoyens, fondées sur des « principes simples et incontestables, tournent tou- « jours au bonheur de tous. »

Quels sont ces droits? Ces droits sont : 1° le droit individuel ou la liberté individuelle, car le droit n'est pas autre chose que la liberté dans son acte le plus profond et le plus intime.

I

Le droit individuel.

Le premier droit de l'homme est la libre disposi- tion de ses facultés physiques, c'est-à-dire le pouvoir d'aller, de venir, sans empêchement, sans autorisation ; de pouvoir vivre chez soi en toute sécurité, sans crainte de voir le seuil de son domicile violé arbitrairement.

Toute entrave mise à l'exercice de ce droit est une atteinte à tous les autres.

Et pourtant, combien de citoyens, depuis vingt ans, ont été arrêtés, emprisonnés, transportés, exilés arbitrairement ! Nous pourrions en citer des milliers, mais nous n'en citerons qu'un : on jugera des autres par celui-là. Il s'agit d'un citoyen marié, établi, propriétaire, d'une honorabilité incontestable et incontestée. Ce citoyen, bien connu dans le parti démocratique, a été arrêté cinq fois. La première, pour avoir dit, sous la République, devant quelques gardes nationaux, que ceux qui avaient égorgé la République romaine avaient violé le droit international ; la seconde, pour être descendu dans la rue le Deux Décembre, et avoir fait tous ses efforts pour défendre le droit violé ; la troisième, pour avoir crié : vive la Liberté ! pendant que ses voisins criaient : vive Béranger ! la quatrième, il a été arrêté, non pour ce qu'il avait fait, mais pour ce qu'il était capable de faire ; la cinquième, pour avoir dit sur le boulevard des Italiens : qu'il fallait mettre la France au-dessus de l'empire. C'est en vertu de la loi dite de *sûreté générale* qu'il a été envoyé en Afrique, où il est resté dix-huit mois, c'est-à-dire jusqu'à l'amnistie de 1859.

Nous ne voulons pas qualifier ces arrestations.

Nous laissons ce soin à nos lecteurs. Qu'il nous suffise de dire que ce commode et fallacieux prétexte de *sûreté générale* a couvert une multitude d'actes despotiques et cruels. Pour la plupart de ceux qui emploient ces mots : *sûreté générale, raison d'État*, ils signifient tout net, sûreté d'un gouvernement qui tourne contre la liberté individuelle la force qui devrait la protéger.

Les mots fameux : flagrant délit, paix publique, ordre public, excitation à la haine du gouvernement sont des mots très-élastiques, dont le pouvoir et ses agents abusent trop facilement. Il ne faut pas craindre de le dire : la liberté individuelle, privée de toute protection, n'existe que sous le bon plaisir de la police. Tous les jours, on voit des agents subalternes faire des arrestations arbitraires. Sans doute, il faut attribuer au pouvoir le droit d'arrêter les individus convaincus d'avoir commis quelque délit tombant sous l'action de la loi, mais encore faudrait-il entourer l'exercice de ce droit de toutes les précautions propres à en écarter l'arbitraire. Comment! on viole le domicile d'un citoyen, on l'arrête, on le met sous les verrous, on l'envoie en Afrique sans jugement, et ce citoyen n'a aucun recours contre les agents de la force publique, contre les magistrats qui ont commis envers lui une telle illégalité !!!

Un pays où un préfet de police peut, sans être destitué, commander à des agents subalternes de saisir, ou faire saisir chez lui un citoyen, est un pays condamné à l'arbitraire. C'est en vain qu'on nous parlera de politique nouvelle, tant qu'un préfet de police, c'est-à-dire une créature du pouvoir, aura la faculté de faire arrêter les citoyens, la liberté individuelle courra le risque de devenir entre ses mains une arme fatale à la liberté individuelle.

II

Le droit de penser.

Qu'est-ce que penser? C'est appliquer son esprit à quelque chose, y faire attention, y réfléchir, le considérer, l'examiner, c'est, en d'autres termes, avoir une opinion sur un sujet quelconque, moral, politique ou social, scientifique, industriel ou commercial. Le droit de penser est donc un droit inhérent à la nature humaine, un droit qu'on ne peut lui arracher qu'en lui arrachant ce qui fait l'essence de son être, ce qui met en branle ses facultés, ce qui le rend capable de progrès.

Pour un homme mûr, éclairé, qui a fortifié son esprit par la méditation, ce droit est à l'abri de la violence. « Tu peux me jeter dans un cachot, me « torturer, m'envoyer à Lambessa, à Cayenne, mais « tu ne m'empêcheras pas de penser que Napoléon III « est un bandit. » C'est en vertu de ce droit qu'Epictète chargé de fers défiait son tyran de lui ravir sa liberté.

Mais si ce droit est à l'abri de la violence et de la force, il n'est pas à l'abri du mensonge et du sophisme. On n'a pas toujours à combattre des stoïciens. Il y a mille moyens d'attaquer, de dépraver et d'anéantir le droit de penser. On porte atteinte au droit de penser quand ou s'empare de la jeunesse pour lui inculquer des idées fausses, énervantes et abrutissantes. Exemple : « Pour aller en paradis, il faut croire aux mystères, aux miracles, à l'infaillibilité du pape, de l'Eglise, à l'Immaculée conception et à mille autres absurdités du même genre. »

On nuit encore à la liberté de penser en prêchant à l'immense foule des faibles et des ignorants, que la France n'est pas faite pour la liberté, qu'elle a besoin d'un maître ; que la République est le meilleur des gouvernements, mais que les Français sont trop légers pour une telle forme de gouvernement ; qu'il faut des riches pour faire vivre les pauvres, etc., etc.

On porte enfin atteinte au droit de penser en s'opposant à la diffusion des lumières, en flattant les mauvaises passions, en créant au peuple des habitudes qui lui ôtent le temps de penser ou qui rendent sa pensée impuissante. En un mot, on porte atteinte à la liberté de penser quand, comme les cléricaux, on se sert de la raison pour combattre la raison.

De là, pour la démocratie, l'impérieux devoir de donner au peuple un enseignement complet et viril.

III

Le droit de prier.

« Libre dans le fond de ma conscience, serai-je condamné à un culte muet ? Non, la foi est expansive, et rien ne peut la comprimer. Je ne puis surtout adorer un Dieu qui n'est pas le mien. Ainsi la liberté de croire sans la liberté de prier n'est qu'un leurre.

« Mais suffit-il de prier ? cette expression solitaire de ma foi, de mon amour, de mon espérance, suffit-elle aux besoins de mon cœur et à mes devoirs ? Oui, si l'homme est fait pour être seul. Non, s'il a des frères. Je suis né pour la société !... J'ai des devoirs envers elle, ma croyance me commande également de prier et d'enseigner. Il faut que ma voix puisse se faire entendre, et en marchant vers ma destinée, j'y entraîne avec moi tous ceux qui voudront me suivre. Croire, prier et enseigner, voilà tout le culte. Mais puis-je me croire libre si l'on ne me permet de prier qu'à la condition de suivre un culte qui n'est pas le mien ? »

Or, en France, il n'y a que trois cultes reconnus par l'Etat : Le catholicisme, le protestantisme et le judaïsme. Ces trois cultes sont libres autant qu'ils peuvent l'être en recevant du gouvernement leurs moyens d'existence et des chefs de son choix. Quant aux autres cultes, l'art. 291 du Code pénal porte que nulle association de plus de vingt personnes, dont le but est de se réunir périodiquement pour s'occuper de matières religieuses, ne pourra se former qu'avec l'agrément de l'autorité, et sous les conditions qu'il lui plaira de prescrire.

Ainsi, selon le gouvernement français, hors du catholicisme, du protestantisme et du judaïsme, il n'y a pas de salut. C'est exactement comme à Rome : « Hors de la véritable Église, il n'y a point de salut. » Mais de quel droit veut-on m'imposer tel culte plutôt que tel autre ? Du droit de la vérité, dites-vous ? mais la vérité, n'en suis-je pas juge comme vous, comme qui que ce soit ? et si je ne pense pas comme l'État à cet égard, si ce qu'il appelle la vérité, je le regarde comme l'erreur, n'ai-je pas le droit de ne pas suivre son culte ? Comment! j'ai la conviction profonde que toute éducation cléricale, loin de faire des citoyens pour la démocratie, fait des sujets pour le despotisme, et je serais obligé de suivre une religion antidémocratique! bien plus, je serais contraint de concourir aux frais d'un culte qui ruine et abrutit l'homme! !

Un état de choses qui révolte tout à la fois la conscience et la raison ne saurait durer plus longtemps. La vérité ici, c'est que l'État est absolument incompétent en matière de dogme et de culte, qu'il ne doit intervenir dans les choses de religion que pour maintenir le droit de chacun et empêcher que l'ordre public ne soit troublé.

En conséquence de ce principe, il faut demander, comme nos pères, la séparation de l'Église et de l'État. L'Église libre dans l'État libre, à la condition bien entendu que nous ne reverrons plus les biens de main-morte rétablis, les testaments captés au lit des mourants et les enfants enlevés à leurs parents pour le service du pape. La liberté de conscience n'est légitime, comme toute autre liberté, qu'autant qu'elle s'accorde avec celle de tous.

Et si l'on voulait invoquer l'intérêt de la société, nous répondrions avec Kant et son commentateur J. Barni, que le premier intérêt de la Société, c'est que le droit de chacun soit respecté, que rien ne peut être plus favorable à l'intérêt général que la libre discussion, puisque la découverte de la vérité en suppose nécessairement la libre recherche.

IV

Le droit de parler.

Passons au droit de parler. Qu'est-ce que le droit de parler? La liberté dans sa plus haute manifestation, la liberté de l'esprit sans laquelle tous les autres droits ne sont que des moyens. S'il en est ainsi, et je vais le prouver tout à l'heure, on voit combien le pouvoir qui le viole est coupable, coupable d'un crime de lèse-humanité plus grave que s'il portait la main sur la propriété. Qu'est-ce en effet qu'un homme qui n'a pas le droit de parler ? Un automate que l'on fait aller comme une vraie marionnette. Qu'est-ce qu'un homme qui accepte passivement les décisions d'une autorité qui se dit providentielle, c'est-à-dire infaillible ? Un instrument, une machine qui n'a d'autre mérite que celui des plantes et des animaux.

Je viens de dire que tous les autres droits : droits de réunion et d'association, droit de vivre et de posséder, droit d'aller et de venir, etc., ne sont que des moyens nécessaires à l'exercice du droit de penser, de parler et d'écrire. En effet, ce qui fait le prix de la vie, de l'activité, de la propriété, c'est que l'homme est une personne, c'est-à-dire un être doué de raison et de volonté. Si le droit de vivre, par exemple, était égal au droit de penser et d'écrire, il s'ensuivrait que l'animal serait l'égal de l'homme. En d'autres termes, si l'homme n'était qu'une force de la nature, une autre force, une force supérieure aurait prise sur sa vie, sur ses actes, sur sa propriété sans qu'aucun autre droit pût l'arrêter. Les droits de posséder, d'aller, de venir, etc., ne sont que des moyens, c'est incontestable, mais ces droits, bien qu'inférieurs en dignité, n'en sont pas moins inviolables et imprescriptibles. A quoi servirait le droit de penser si l'homme ne pouvait manifester sa pensée ? autant vaudrait l'état de mutisme, c'est-à-dire la mutilation et la dégradation de l'humanité, puisque, sans la parole, il n'y a pas de société possible. Ainsi, de même que l'homme a le droit de penser, de même il a le droit de communiquer sa pensée, et comme la pensée a pour domaine l'immensité, l'homme a le droit illimité de communiquer sa pensée, de la divulguer par tous les moyens en son pouvoir, sous sa responsabilité personnelle. Puni après s'il y a lieu, jamais empêché avant, sous aucun prétexte. Voilà la liberté de parler.

Ce droit étant un droit primordial, tout pouvoir qui y porte atteinte, soit en le réduisant à n'aborder que certains sujets, soit en l'entourant de mille précautions, comme de ne parler qu'à certains jours, à certaines heures et dans certains endroits, est un pouvoir arbitraire qu'on doit combattre sans fin ni trève et avec la plus grande énergie.

V

Le droit de la presse

Ce qui est vrai de la pensée manifestée par la parole, est vrai de la pensée manifestée par la presse. La liberté de la presse n'est qu'une seconde manière d'exprimer et de propager ses opinions ; seulement, elle porte beaucoup plus haut et beaucoup plus loin. Comme la parole, la presse doit avoir toute latitude, traiter tous les sujets indistinctement sans entraves, sans timbre, sans cautionnement, sans autorisation surtout. L'autorisation de parler et d'écrire, c'est la pensée d'un seul mise à la place de tous, c'est le signe de l'esclavage, c'est une monstruosité gouvernementale inventée pour cacher de grands crimes.

La presse soumise au timbre et au cautionnement, c'est la presse livrée aux financiers, aux faiseurs et aux exploiteurs : c'est le silence imposé aux travailleurs, à ceux qui supportent toutes les charges de la société et qui ne jouissent d'aucun avantage. La presse entourée d'entraves et de dangers, c'est la presse livrée à la juridiction d'une magistrature politique, c'est-à-dire vénale, qui rend souvent des services et rarement des arrêts.

Le gouvernement qui dépouille les citoyens de la liberté de la presse, de ce *palladium* de toutes les autres libertés, ou, ce qui revient au même, en soumet l'exercice à son bon plaisir, commet un double attentat envers les journalistes : il viole en eux un droit naturel et leur enlève une de leurs plus précieuses garanties contre l'arbitraire, contre les exactions, en un mot, contre tous les abus de pouvoir des dépositaires de l'autorité publique.

VI

Le droit de réunion

L'homme, venons-nous de dire, a le droit de penser, de publier sa pensée et de répandre ce qu'il croit être la vérité. Mais l'homme ne peut vivre seul ; un besoin irrésistible de sociabilité le porte à rechercher ses semblables pour comparer ses idées aux leurs, prêter son concours ou recevoir le leur pour la réalisation et la propagation de la pensée commune. De là suit nécessairement, comme l'effet de la cause, le droit de réunion que tout pouvoir doit reconnaître, respecter et faire respecter comme un droit naturel. A quoi bon la souveraineté du peuple, si le peuple ne pouvait se réunir ! A quoi bon le droit d'élire ses députés, si les électeurs ne pouvaient se réunir pour discuter les titres des candidats, pour éclairer les illettrés, les esprits paresseux sur leurs intérêts moraux, politiques et sociaux, pour se concerter, en un mot, sur les principes qui doivent présider à leurs choix ?

Par quels moyens pourront-ils faire savoir aux électeurs, à ceux des campagnes surtout, que c'est un tel qu'il faut nommer comme étant le plus capable et le plus honorable ? Pour parler avec autorité, il faut parler au nom d'un groupe composé d'électeurs connus par leurs antécédents. Donc le suffrage universel, sans le droit de réunion, c'est le suffrage universel avec interdiction de s'en servir, c'est-à-dire une mystification, un mensonge, une duperie.

VII

Le droit d'association

Le droit d'association, c'est le droit de réunion en permanence, avec une action et un lien communs. C'est un des moyens les plus féconds que les hommes puissent employer pour accroître leur force et leur puissance. Le droit de parler et celui d'écrire peuvent se concevoir sans la liberté de réunion et d'association, mais, en fait, ils ne sont pas complets si à l'appui qu'ils se prêtent mutuellement ne vient se joindre le droit de réunion et d'association. La tribune et la presse sont des organes de l'opinion publique, mais ce ne sont pas les seuls. Souvent ces organes n'expriment que les sentiments de quelques individualités brillantes et influentes.

L'opinion publique doit pouvoir se manifester aussi, ne fût-ce que pour contrôler les manifestations de la tribune et de la presse. Qui pourrait douter de la nécessité de ce droit en présence des palinodies, des compromis, des lâchetés et des trahisons que nous avons vus et que nous voyons tous les jours? Donc, nécessité et sagesse en même temps d'établir la liberté de réunion et d'association. La discussion éclaire les partisans et les adversaires de la même idée. Par la discussion, la vérité se fait jour, les abus disparaissent et les évolutions remplacent les révolutions. La prohibition, au contraire, produit l'obscurité et le silence à l'abri desquels les abus de toute sorte naissent, se propagent et se traduisent en crimes, en catastrophes et en ébranlements sociaux.

Sans doute la liberté ainsi entendue et pratiquée produira des excès de langage! Sans doute, il y aura des exagérations, des aberrations mises au jour, surtout dans les commencements! mais à cela que faire? je ne vois pas de remède, c'est un mal nécessaire. Faut-il supprimer les chemins de fer parce qu'il arrive des accidents sur leur parcours? faut-il renoncer à la navigation parce que les mers sont souvent agitées et soulevées par les tempêtes? faut-il arrêter la propagation de l'espèce humaine parce qu'il naît des manchots, des fous et des idiots?

Ce n'est pas tout : qui a raison de ceux qui ne veulent plus d'armées permanentes, d'impôts sur les productions de première nécessité, de gros traitements, de fortunes scandaleuses, etc., ou de ceux qui veulent maintenir ces abus et prétendent que le gouvernement de tous par un seul est supérieur à celui du pays par le pays? qui prononcera entre les deux partis? qui sera le juge de ces grands problèmes sans cesse renaissants? Seront-ce les cléricaux, les libéraux ou les radicaux? Ce seront les meilleurs, me répond-on. Mais tous prétendent être les meilleurs. C'est nous qui sommes les meilleurs, disent les cléricaux. Non, c'est nous, répondent les radicaux. Il n'y a pas jusqu'aux *héros* du Deux

Décembre qui ne se disent les meilleurs. Quel moyen prendre entre toutes ces prétentions? Il n'y en a qu'un, c'est de soumettre tous ces problèmes au bon sens de tous, à la raison générale, à la conscience universelle.

Mais pour que la conscience puisse agir en connaissance de cause et prononcer en dernier ressort, il faut qu'elle soit éclairée; comment pourra-t-elle se développer et se former si les citoyens ne peuvent se réunir? Abrogez donc les lois que vous avez faites contre le droit de réunion et d'association, rendez au peuple ces libertés sans lesquelles il n'est qu'un troupeau dont le meilleur berger ne saurait être qu'un despote. D'autre part, songez qu'il n'y a rien de plus ridicule et de plus amer tout à la fois que de lui dire : « Tu ne te réuniras et tu ne t'associeras qu'avec mon agrément; telle est ma volonté. » C'est exactement comme si vous lui mettiez une couronne d'épines sur la tête, un roseau à la main et des fers aux pieds. Songez que le monde a les yeux sur la France et que l'histoire vous jugera : Rendez, rendez au peuple ce qui appartient au peuple. Les cléricaux se réunissent bien dans leurs églises, pourquoi les radicaux ne se réuniraient-ils pas dans des salles publiques ?

VIII

Le droit à l'instruction.

L'homme a droit à l'instruction parce que l'instruction est une richesse sociale qui, comme l'air et la mer, se communique sans s'affaiblir et sans appauvrir celui qui la donne. L'homme a encore droit à l'instruction parce que, dans une société où tous les membres qui la composent sont appelés à prendre part aux affaires publiques, il est de toute justice que chaque citoyen soit apte à remplir les fonctions de magistrat, de juge, d'administrateur, etc. Tout le monde peut être maire, adjoint, juge, administrateur, telle est la loi, mais en fait qui remplit ces fonctions? Ceux qui ont reçu une certaine instruction. Donc, dire à une personne : vous avez le droit d'être juge ou maire, et ne pas lui donner l'instruction nécessaire à ces fonctions, c'est une contradiction et une amère dérision.

On l'a dit bien souvent et on ne saurait trop le répéter : le suffrage universel implique l'instruction universelle. Mais de quelle instruction voulez-vous parler? Il y en a de plusieurs sortes : Il y a l'enseignement clérical, l'enseignement universitaire et l'enseignement mixte. Lequel de ces enseignements conviendrait le mieux à la démocratie? Ni l'un, ni l'autre, et en voici la raison: Les cléricaux prétendent à l'infaillibilité ; or, ce qui est infaillible est intolérant, et l'intolérance implique forcément la négation du progrès. — L'enseignement universitaire ne convient pas mieux à la démocratie que l'enseignement clérical; il ne fait pas des esclaves, il est vrai, mais il ne fait et ne peut faire que des sujets. En voulez-vous la preuve? Jetez les yeux sur la bourgeoisie, cherchez la cause de ses défaillances, de son culte pour la fortune, de sa facile résignation à la vie de plaisirs, du prompt sacrifice de son honneur à sa sécurité, et vous trouverez cette cause dans l'insuffisance morale des études universitaires. On enseigne tout au lycée, tout, excepté la science par excellence, la science de l'homme, de ses droits et de ses devoirs. Aussi qu'arrive-t-il? C'est que, sous l'érudit, l'artiste ou le savant, on cherche en vain l'homme et le citoyen. Combien, parmi les plus instruits, n'ont d'autre idéal que la vie à outrance par tous les moyens!

Mais enfin quel est l'enseignement qui conviendrait le mieux à une libre démocratie? Une société démocratique n'a pas besoin que tous ses membres soient des lettrés, des savants ou des artistes; il lui suffit que tous soient des hommes dans la haute acception du mot. Et pour cela que faut-il? Un enseignement général qui comprenne les éléments de toutes les sciences, mathématiques, astronomie, physique et chimie, histoire naturelle, histoire proprement dite, littérature nationale, psychologie morale et politique. Toutes les autres connaissances doivent être laissées à l'initiative individuelle.

Avec cet enseignement, qui aura ses degrés correspondant aux différents âges de la minorité et ne finira qu'avec la tutelle de la famille ou de l'Etat, la démocratie sera satisfaite. Elle n'est pas aussi exigente que veulent bien le dire les cléricaux et les libéraux.

IX

Le droit au travail.

Si par droit au travail on entend la liberté d'exercer un métier, un état, une profession, sans entraves et sans autorisation, rien de mieux; ce droit existe, il est inhérent à la nature humaine comme celui de vivre, de penser, d'aller et de venir

Mais, si par droit au travail on entend le droit d'exiger que l'Etat se fasse pourvoyeur de travail, qu'il donne aux uns des montres, aux autres des serrures, aux troisièmes des chaussures, des vêtements, des meubles à faire, etc., ce droit n'existe pas, il n'existe que dans l'imagination de certains rêveurs ou des prétendus amis du peuple.

Le droit au travail implique forcément l'organisation du travail par l'Etat. Comment, en effet, l'Etat pourrait-il assurer à chacun du travail et juste le travail qui convient à chacun, s'il n'organisait et ne réglait lui-même le travail en général? Or, qui ne voit que l'organisation du travail susciterait à l'Etat des embarras inextricables et étoufferait dans l'homme les qualités qui le distinguent des animaux, l'activité, l'émulation et la prévoyance ? « Tout progrès de l'homme qui n'a pas son principe dans l'énergie personnelle est sans prix et sans racine. C'est le progrès des plantes et des animaux. » Ce n'est pas tout, si les ouvriers manquent d'ouvrage, c'est qu'il y a abondance de produits sur le marché. Or, si l'on force l'Etat à donner du travail aux ouvriers, il y aura abondance de marchandises, mais il n'y aura pas diminution de misère, au contraire l'encombrement des marchandises fera baisser les produits et entraînera la société à sa ruine.

X

Le droit au crédit.

Si le crédit au travail est un droit imaginaire, il n'en est pas de même du droit au crédit et en voici la raison :

A l'origine de la civilisation, le capital social était le même pour tous, puisqu'il était à peu près nul. Un siècle plus tard, on était parvenu à produire une certaine somme de richesses matérielles et in-tellectuelles. Convenait-il de les partager également entre tous les membres du corps social ? Une telle répartition eût été inique ; elle eût violé ouvertement les principes qui régissent la famille et la propriété. D'ailleurs quel eût été l'effet d'une répartition parfaitement égale de ces biens? Leur division les eût anéantis ou stérilisés.

Aujourd'hui comme aux premiers pas de la civilisation, il y a une richesse sociale. Cette richesse, comme celle des périodes précédentes, se compose de deux éléments : l'un matériel et l'autre intellectuel. C'est le propre de la science de se communiquer sans s'affaiblir. Donnons-la donc à tout le monde et à tous les degrés, puisque nous le pouvons sans appauvrir personne.

En est-il de même de la richesse matérielle? Peut-elle être également répartie entre tous? Je ne le pense pas. Une telle répartition, si elle était possible violerait les principes qui exigent que chacun perçoive le fruit de son travail et en dispose selon sa volonté.

Mais si elle ne peut être également partagée sans être anéantie ou stérilisée, je crois qu'elle peut et qu'elle doit être prêtée aux travailleurs qui offrent des garanties de moralité et de capacité, parce que sans les travailleurs elle n'existerait pas. Mais le moyen de prêter de l'argent aux travailleurs de bonne volonté? On a bien trouvé le moyen de faire payer les impôts aux pauvres comme aux riches, on a trouvé des milliards pour faire la guerre, pour embellir Paris, etc., etc. Pourquoi n'en trouverait-on pas pour fonder des banques de crédit à bon marché pour ceux qui produisent la richesse et qui ont donné des preuves de moralité, d'honnêteté et de capacité? Voilà un moyen pratique et possible, il y en a mille autres plus ou moins faciles.

Cherchez, a dit l'Ecriture, et tout vous sera donné par surcroît.

XI

Le droit de propriété.

Je voulais passer sous silence ce droit, mais comme certains publicistes de nos jours l'ont nié, que d'autres le subordonnent à la volonté du corps social, il me paraît nécessaire d'entrer dans quelques détails pour prouver que la propriété est un droit primitif, antérieur à toute convention et indépendant des lois positives.

L'homme est doué d'activité et d'intelligence. Ces facultés ne lui ont pas été données en vain; elles lui ont été données pour se développer et se perfectionner. Par l'activité, il se met en relation avec la nature extérieure; par l'intelligence, il s'en empare, il la domine, il l'assouplit à son usage et la fait sienne. Quelle est la motte de terre qui ne porte pas son empreinte? Dans les villes, c'est l'homme qui, avec des pierres taillées et du bois amenuisé, a fait les maisons que nous habitons; dans la campagne, c'est lui qui défriche le sol, endigue les rivières, ensemence les terres, plante les arbres, etc. Partout, on devine une main puissante qui a pétri la matière et une volonté intelligente qui l'a transformée, selon les besoins de l'homme. Partout la nature a été appropriée par l'homme ; partout elle est devenue sa propriété. Elle est à lui, parce qu'elle n'est en quelque sorte qu'une émanation de son être. Avant lui, il n'y avait guère que de la matière; depuis lui et par lui, c'est-à-dire par son travail, il y a de la richesse échangeable.

On a dit que le travail est un exercice salutaire, cela est vrai, mais c'est aussi une peine. Ce n'est qu'au prix d'un grand effort que l'homme transforme la matière. Le plus souvent, il ne ferait pas cet effort, qui lui coûte, s'il n'y était encouragé par l'espérance de produire un effet utile et de jouir lui-même de l'utilité produite. Qui prendrait la peine de défricher les montagnes, d'y porter de l'engrais, de dessécher les marais, etc., s'il n'était sûr de jouir du fruit de son travail ! L'activité humaine, n'ayant pas de récompense assurée, s'arrêterait et se replierait, comme un colimaçon qu'un obstacle menace.

Allez en Orient, où le despotisme fait bon marché de la propriété ; allez chez les sauvages de l'Amérique, chez les Arabes ; remontez au moyen âge, partout où la propriété n'est pas suffisamment garantie, le pays est dans un état de barbarie, de misère et d'usure dévorante.

Au contraire, partout où la propriété est respectée et garantie, l'aisance est générale et la société abonde en richesses de toute sorte.

Mais, a-t-on dit, si vous avez le droit de regarder

comme vôtres les fruits de votre travail et d'en disposer librement, il n'en est pas de même de la terre, qui, appartenant à tous, ne peut être légitimement appropriée par personne.

« Si cette raison était valable, dit mon ami Barni, dans son livre de la morale dans la démocratie, elle s'appliquerait tout aussi bien à l'appropriation de la terre par un peuple que par un individu ; elle ne vaudrait pas moins contre la propriété collective que contre la propriété individuelle, et, il faudrait admettre le communisme universel ; mais elle est mauvaise : la terre ne peut devenir fertile, ainsi que nous venons de le dire, et produire les fruits nécessaires à la subsistance des hommes, qu'à la condition d'être appropriée, et elle appartient naturellement à ceux qui, en la défrichant et en la cultivant, la transforment par leur travail, à la sueur de leur front. »

Que si, reconnaissant qu'il est nécessaire que la terre soit appropriée on maintient que chaque portion de terre appropriée doit être une propriété collective, la propriété d'un peuple, ou tout au moins d'une commune, et non une propriété individuelle, je réponds qu'en refusant à l'individu le droit de regarder comme sienne la terre à laquelle il a appliqué son travail, non-seulement on viole en lui un droit incontestable mais qu'on frappe la société elle-même dans les sources de sa vie et de sa prospérité.

Tout cela est trop clair et trop évident pour y insister plus longuement. D'ailleurs, le plus vigoureux et le plus subtil adversaire de la propriété, Proudhon lui-même a fini par célébrer la légitimité et les bienfaits de la propriété qu'il avait d'abord appelée « *le vol.* »

Quant à ceux qui prétendent que la propriété tire sa légitimité des lois positives, la réponse est on ne peut plus facile. Jeté sur la terre nue, l'homme est forcé de travailler : il faut qu'il se mette à l'abri des intempéries des saisons, des climats, des éléments; il faut qu'il se vêtisse, qu'il se nourrisse, qu'il fasse des provisions pour les temps de chômage et de maladie. Si l'homme n'était pas sûr de recueillir le fruit de son travail, il vivrait forcément de pillage. Son semblable en ferait autant, et ces pillards, se jetant les uns sur les autres, ne trouveraient bientôt à piller que la nature, et, au lieu de devenir citoyens d'Athènes, de Rome ou de Paris, ils resteraient barbares. De là la société civile et les lois positives, qui ne fondent pas la propriété mais qui la garantissent contre les entreprises de la force.

Mais si la propriété existe par elle-même, si en même temps elle est la condition et la source de la prospérité des sociétés, comment se fait-il qu'elle soit si peu respectée à Paris? Le gouvernement a le devoir de veiller à la sûreté publique, mais il n'a pas le droit de démolir une ville pour la reconstruire à sa guise. J'admets que le gouvernement puisse exproprier pour cause d'utilité publique, mais à une condition, c'est que l'expropriation restera une exception et ne deviendra pas la règle générale. De plus, si le droit de propriété est sacré, le vol est défendu. Comment donc se fait-il que bon nombre de gens soient devenus millionnaires du jour au lendemain ? On fait des enquêtes sur les manœuvres électorales, sur les industries en détresse, etc., pourquoi n'en ferait-on pas sur les fortunes mal acquises? Pourquoi les journaux démocratiques n'en demanderaient-ils pas une sur les fortunes scandaleuses? Ce serait tout à la fois un acte de justice pour le présent et une mesure salutaire pour l'avenir.

Tels sont les droits de l'homme, proclamés par l'Assemblée constituante de 1789. Nous les avons analysés d'une manière bien imparfaite et bien incomplète, mais nous l'avons fait de notre mieux. Pourquoi les écrivains de profession ne veulent-ils pas écrire pour les ouvriers, pour les populations rurales ? Ah ! si un exemplaire de cette immortelle déclaration, commentée par un légiste philosophe, avait été envoyé à chaque Français en 89 et en 1848, nous n'aurions pas vu le 18 brumaire et encore moins le *deux décembre*. Nous n'aurions pas vu se dérouler sous nos yeux les folies de l'Empire et les espérances coupables des libéraux à courte vue ! Nous ne nous demanderions pas tous les matins : Philippe est-il mort ? Philippe se porte-t-il bien ?

Qu'on ne s'y trompe pas, l'ignorance ou le mépris des droits de l'homme est un symptôme de décadence sociale ; aveugle qui ne le voit pas. Organisons-nous, organisons-nous, il en est temps encore. N'attendons pas que nous soyons tombés à l'état de troupeau, retrempons notre courage dans nos malheurs et, tous ensemble, unis comme un seul homme, revendiquons nos droits.

C'est très-bien, disent les hommes de la première heure, mais les moyens? Les moyens existent, et leur efficacité n'est pas douteuse si on veut y recourir sérieusement et avec persévérance.

Il y en a deux : le premier est écrit en toutes lettres dans l'*immortelle déclaration des droits de l'homme*. C'est le droit à la force, à l'insurrection, cette raison dernière des peuples opprimés contre leurs oppresseurs. Mais nous nous garderons bien de conseiller les moyens violents sous le régime du suffrage universel, quoique ce suffrage soit loin d'être respecté par ceux qui sont payés pour le protéger. Les bouleversements sociaux entraînent avec eux de trop grands malheurs.

Quelque justes et doux que puissent être ces moyens à certaines heures, il y a inévitablement de grands intérêts sacrifiés à leurs triomphes. D'ailleurs les révolutions violentes fondent rarement un état durable. Témoin le *deux décembre*, qui s'écroulera bientôt dans la honte et dans l'ignominie, malgré ses 7,000,000 de suffrages.

L'autre est beaucoup plus sûr et infiniment moins dangereux : il consiste à violer les lois injustes, à ne pas craindre d'aller en prison et de payer l'amende.

« La violation de la loi répond exactement à la
« violation du droit, commise par le législateur. Elle
« ne trouble pas l'ordre; elle laisse la société suivre
« tranquillement sa marche. Aujourd'hui, je viole la
« loi, vous en faites autant demain, et puis un troi-
« sième, ainsi de suite. Les tribunaux me con-
« damnent, puis vous, puis les autres; chaque con-
« damnation use la mauvaise loi. S'il y a assez de
« citoyens pour se faire condamner ainsi, soyez
« sûrs que bientôt les tribunaux condamneront lé-
« gèrement, puis pas du tout. Mais il n'y aura ja-
« mais assez de citoyens de cette trempe. Hé bien!
« croyez-moi, dans un pays où il ne se trouve pas
« assez de citoyens pour résister *pacifiquement* à
« l'injustice, ce n'est pas la peine de résister par les
« armes. »

Paris. — Imp. Dubuisson et Cᵉ, 5, rue Coq-Héron.